PUBLICATIONS SCIENTIFIQUES-INDUSTRIELLES DE E. LACROIX

TRAITÉ

DE

CONSOLIDATION DES TALUS

ROUTES, CANAUX ET CHEMINS DE FER

CONTENANT

Des explications fort étendues sur les causes des éboulements,
La description des procédés de consolidation,
Le prix de revient obtenu pour 296,000 mètres carrés de talus,
et une analyse des systèmes les plus connus
avec un examen de ces principes

PAR

M. R. BRUÈRE

Ingénieur civil, chef de section aux chemins de fer de l'Est

PRÉCÉDÉ D'UNE PRÉFACE

PAR M. A. PERDONNET

ATLAS

PARIS

LIBRAIRIE SCIENTIFIQUE, INDUSTRIELLE ET AGRICOLE

EUGÈNE LACROIX, ÉDITEUR

Libraire de la Société des Ingénieurs civils

15, QUAI MALAQUAIS.

1862

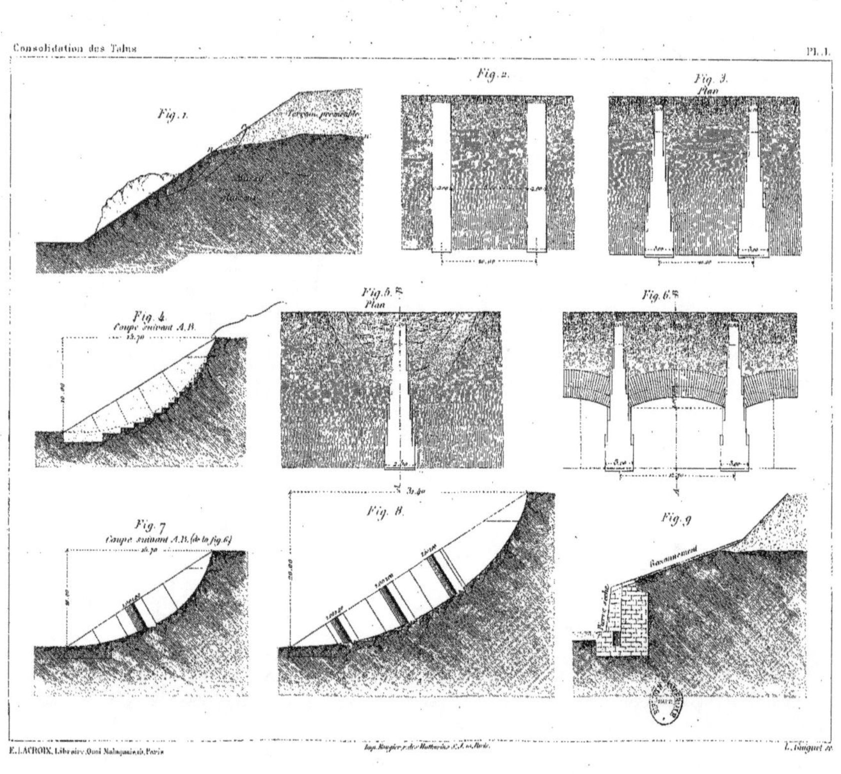
Fig. 1.
Terrain praticable
Fig. 2.
Fig. 3.
Plan
Fig. 4.
Coupe suivant A.B.
Fig. 5.
Plan
Fig. 6.
Fig. 7.
Coupe suivant A.B. (de la fig. 6)
Fig. 8.
Fig. 9.
Couronnement

Fig. 10
Fig. 11
Fig. 12
Fig. 13
Coupe suivant A B (Fig. 15)
Fig. 14
Coupe suivant C D
(F. 15)
Fig. 15
Fig. 16
Fig. 17
Fig. 18 bis
Fig. 19 bis
Fig. 20
Terrain perméable
Terrain perméable
Terrain mélange
A
B
C
D
L. Guignet sc.

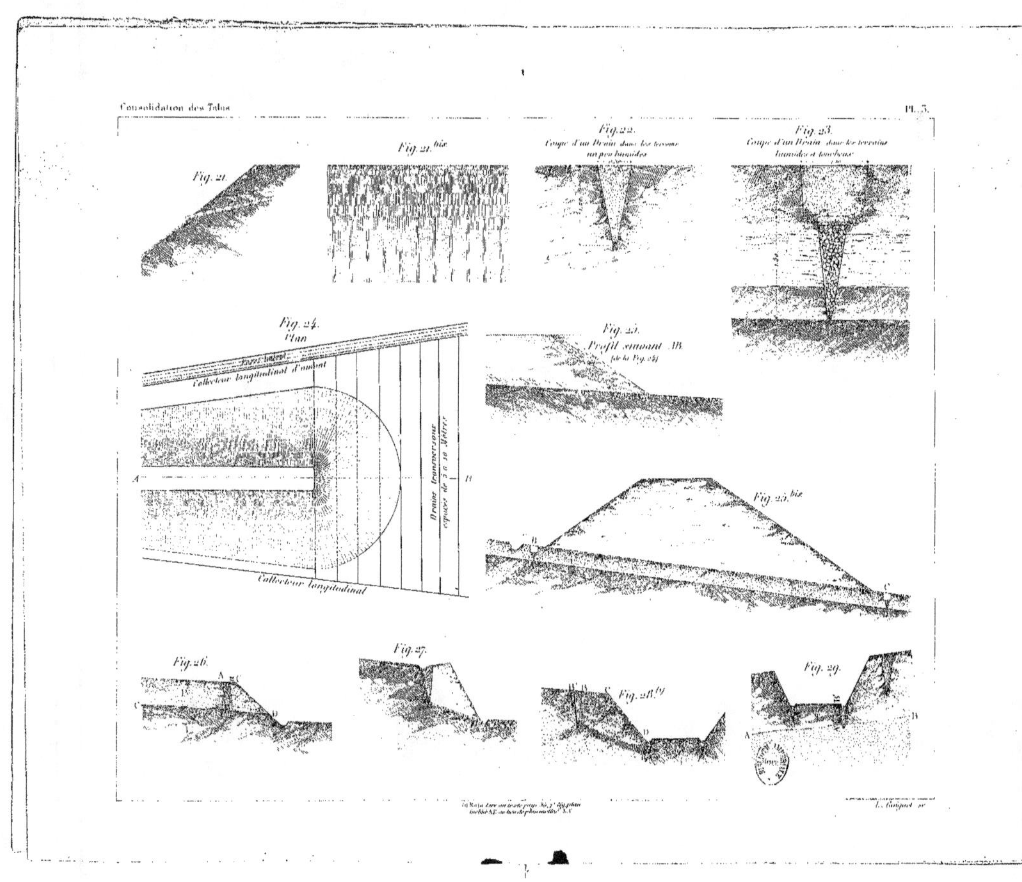
Fig. 21.
Fig. 21.bis
Fig. 22.
Coupe d'un Drain dans les terrains un peu humides
Fig. 23.
Coupe d'un Drain dans les terrains humides et tourbeux
Fig. 24.
Plan
Collecteur longitudinal d'amont
Drains transversaux espacés de 5 à 10 Mètres
Collecteur longitudinal
Fig. 25.
Profil suivant AB
de la Fig. 24
Fig. 25.bis
Fig. 26.
Fig. 27.
Fig. 28.
Fig. 29.

Fig. 30
Fig. 31
Fig. 32
Fig. 33
Fig. 34
Fig. 35
Fig. 36
Fig. 37
Fig. 38
Fig. 39

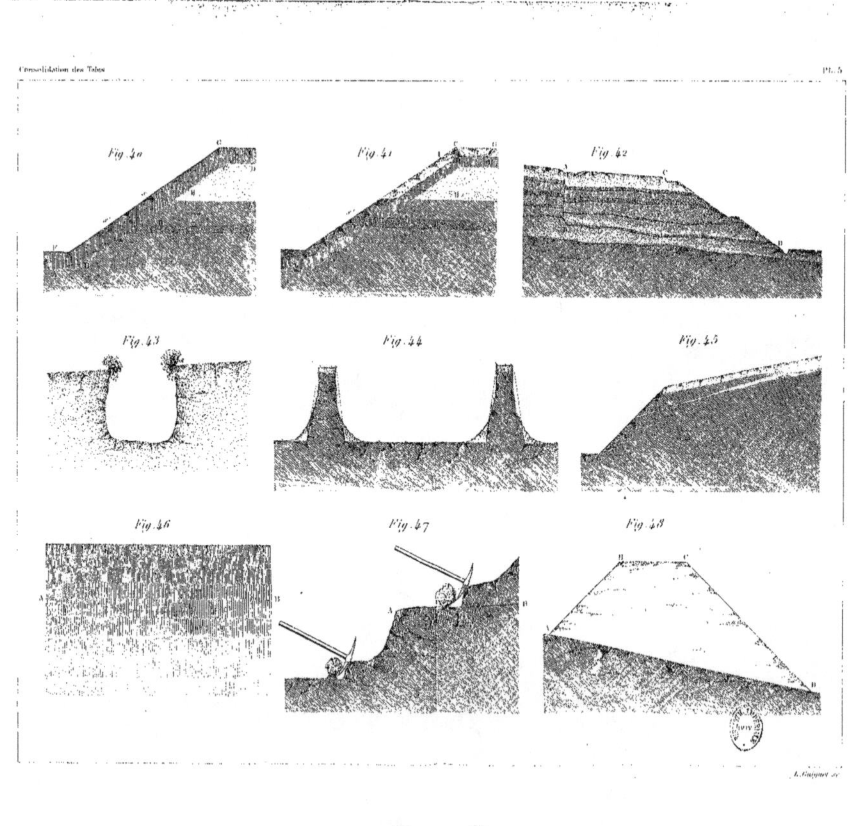
Fig. 40
Fig. 41
Fig. 42
Fig. 43
Fig. 44
Fig. 45
Fig. 46
Fig. 47
Fig. 48

Fig. 49.
Fig. 50.
Fig. 51.
Fig. 52.
Fig. 53.
Fig. 54.
Fig. 55.
Fig. 56.
Fig. 57.
Fig. 58.

L. Gueguet sc.

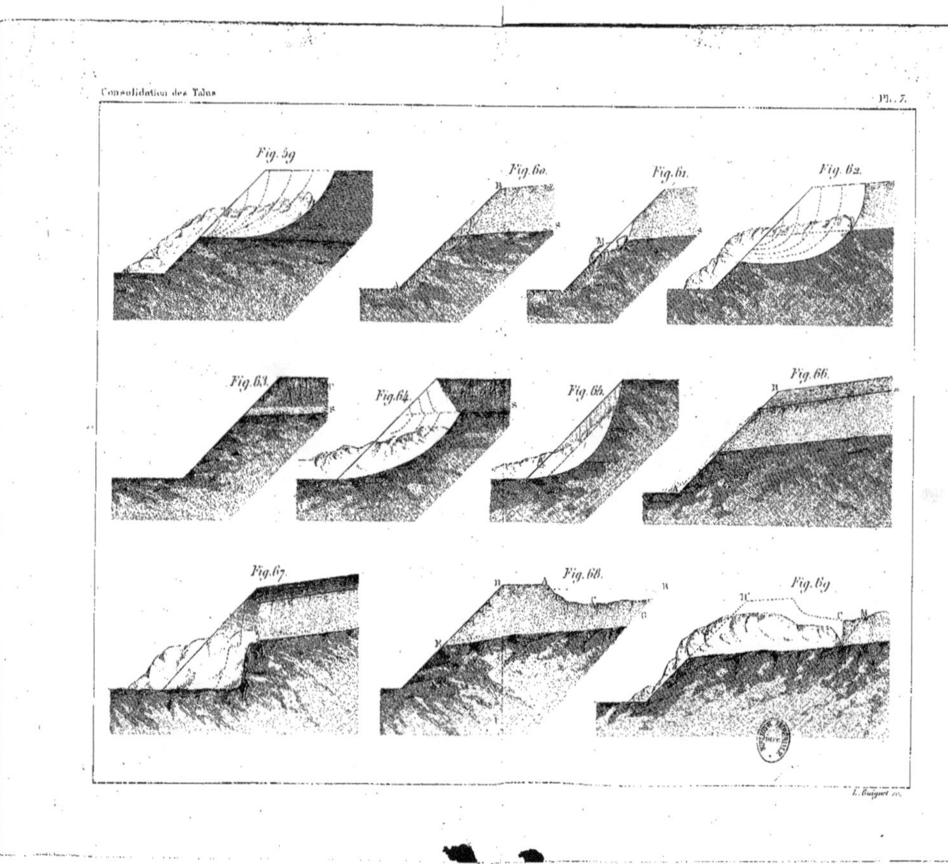
Fig. 59.
Fig. 60.
Fig. 61.
Fig. 62.
Fig. 63.
Fig. 64.
Fig. 65.
Fig. 66.
Fig. 67.
Fig. 68.
Fig. 69.

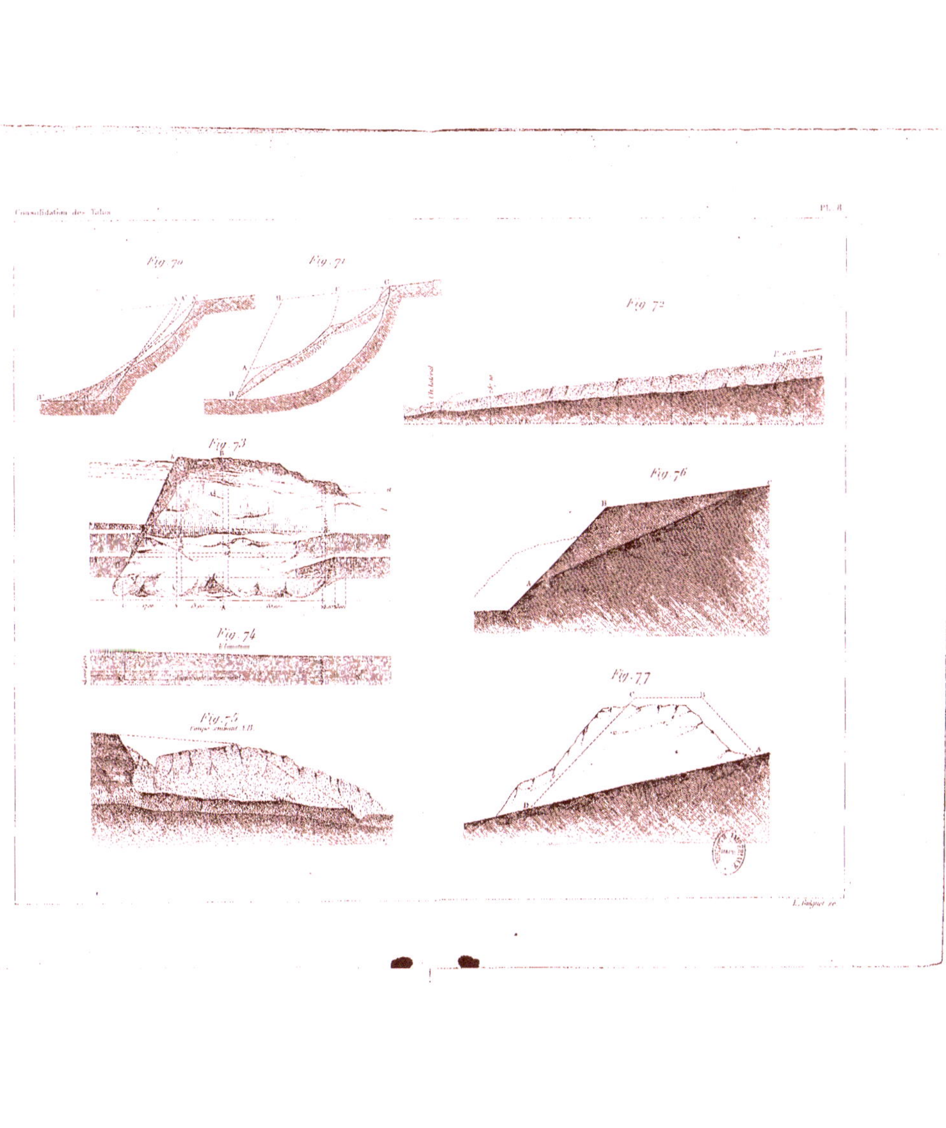
Fig. 70
Fig. 71
Fig. 72
Fig. 73
Fig. 74
Fig. 75
Fig. 76
Fig. 77

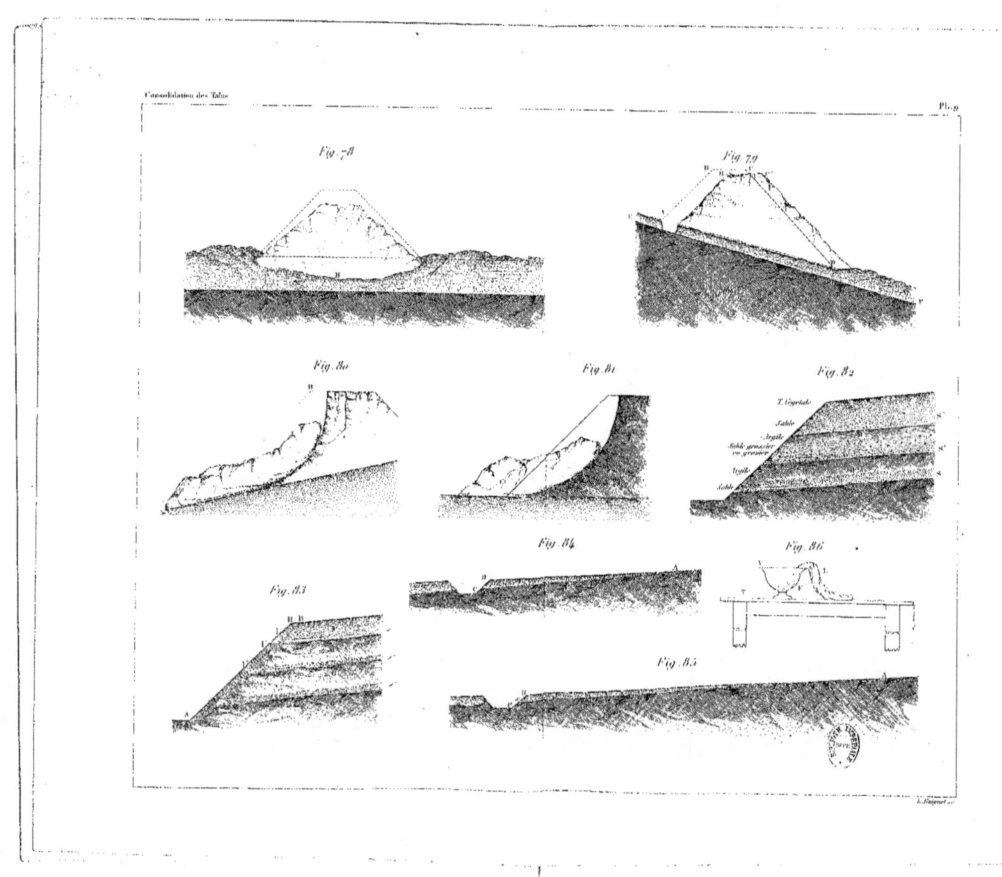
Fig. 78
Fig. 79
Fig. 80
Fig. 81
Fig. 82
T. Végétale
Sable
Argile
Sable graveleux ou grossier
Argile
Sable
Fig. 83
Fig. 84
Fig. 86
Fig. 85

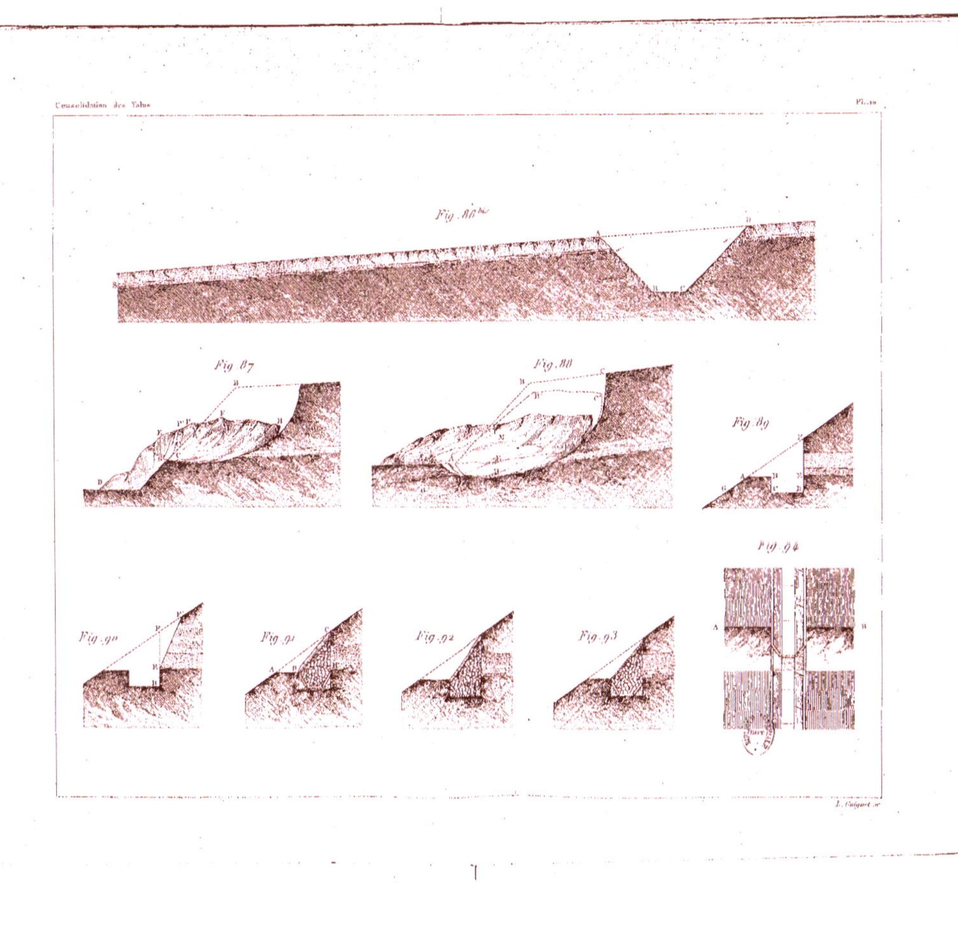

Fig. 86 bis
Fig. 87
Fig. 88
Fig. 89
Fig. 90
Fig. 91
Fig. 92
Fig. 93
Fig. 94

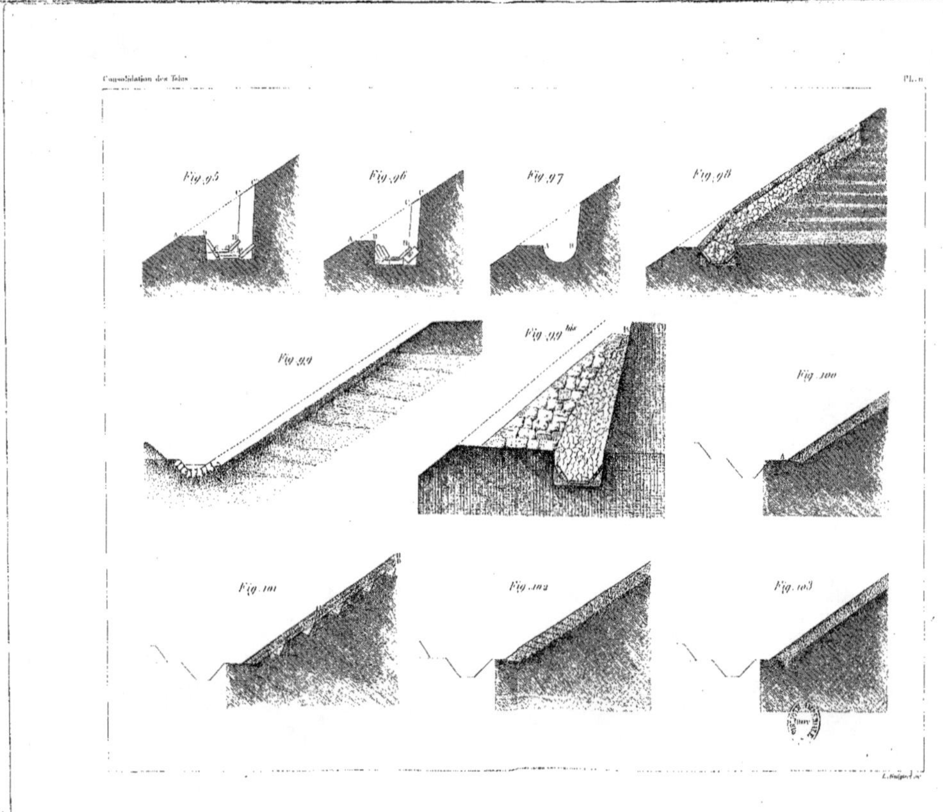

Fig. 95
Fig. 96
Fig. 97
Fig. 98
Fig. 99
Fig. 99 bis
Fig. 100
Fig. 101
Fig. 102
Fig. 103
Pl. 11

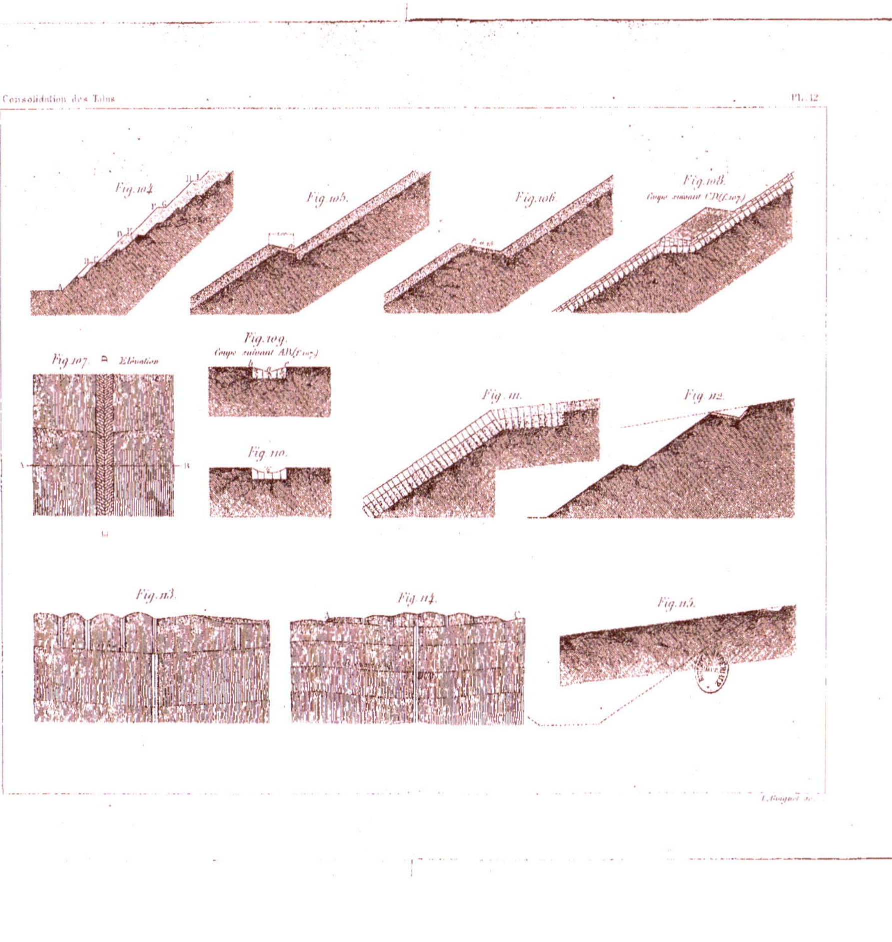

Fig. 104.
Fig. 105.
Fig. 106.
Fig. 108.
Coupe suivant CD (f. 107)
Fig. 107. Élévation
Fig. 109.
Coupe suivant AB (f. 107)
Fig. 110.
Fig. 111.
Fig. 112.
Fig. 113.
Fig. 114.
Fig. 115.

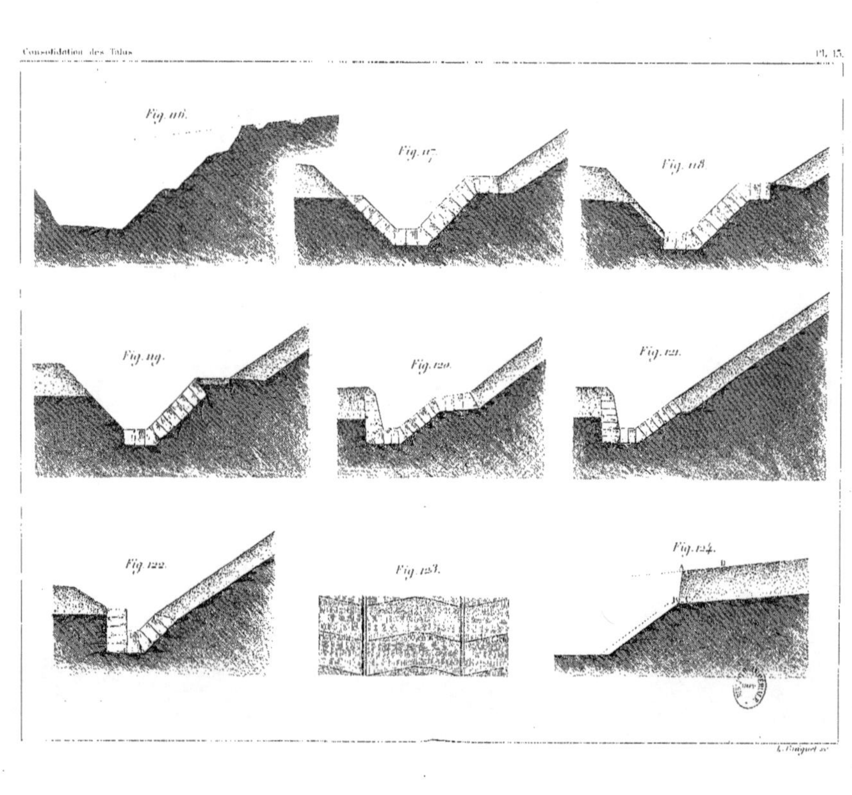

Fig. 116.
Fig. 117.
Fig. 118.
Fig. 119.
Fig. 120.
Fig. 121.
Fig. 122.
Fig. 123.
Fig. 124.

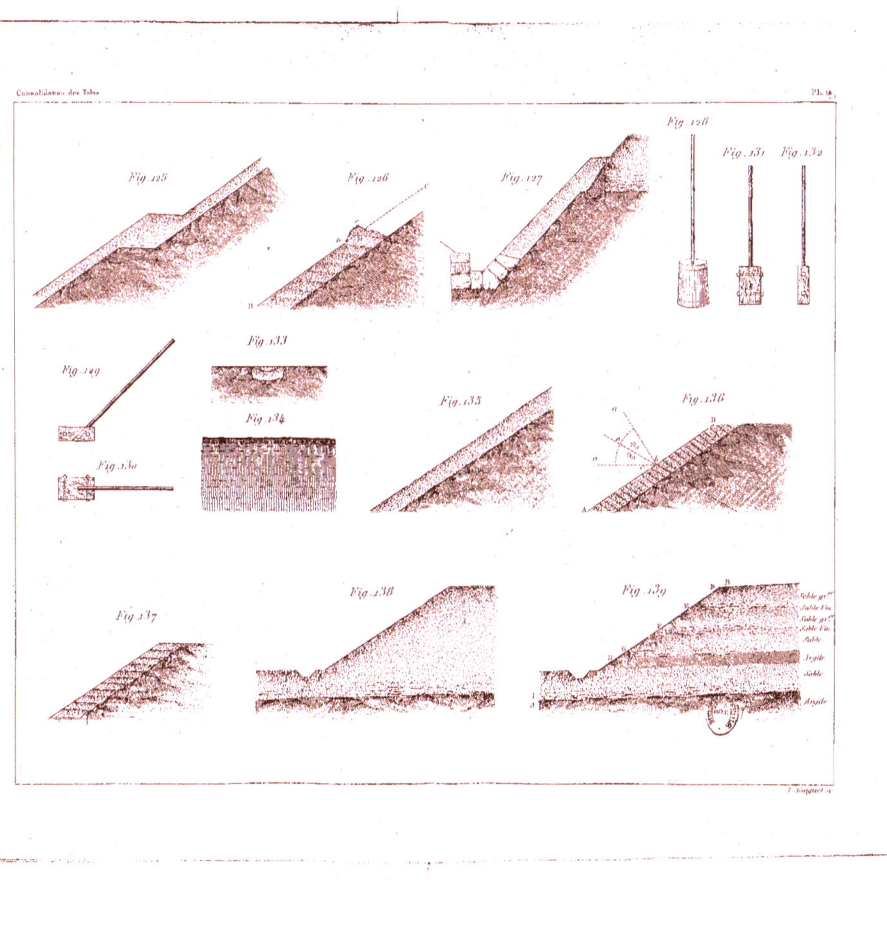

Fig. 125
Fig. 126
Fig. 127
Fig. 128
Fig. 131
Fig. 132
Fig. 129
Fig. 133
Fig. 130
Fig. 134
Fig. 135
Fig. 136
Fig. 137
Fig. 138
Fig. 139
Cable gros
Sable fin
Sable gros
Sable fin
Sable
Argile
Sable
Argile

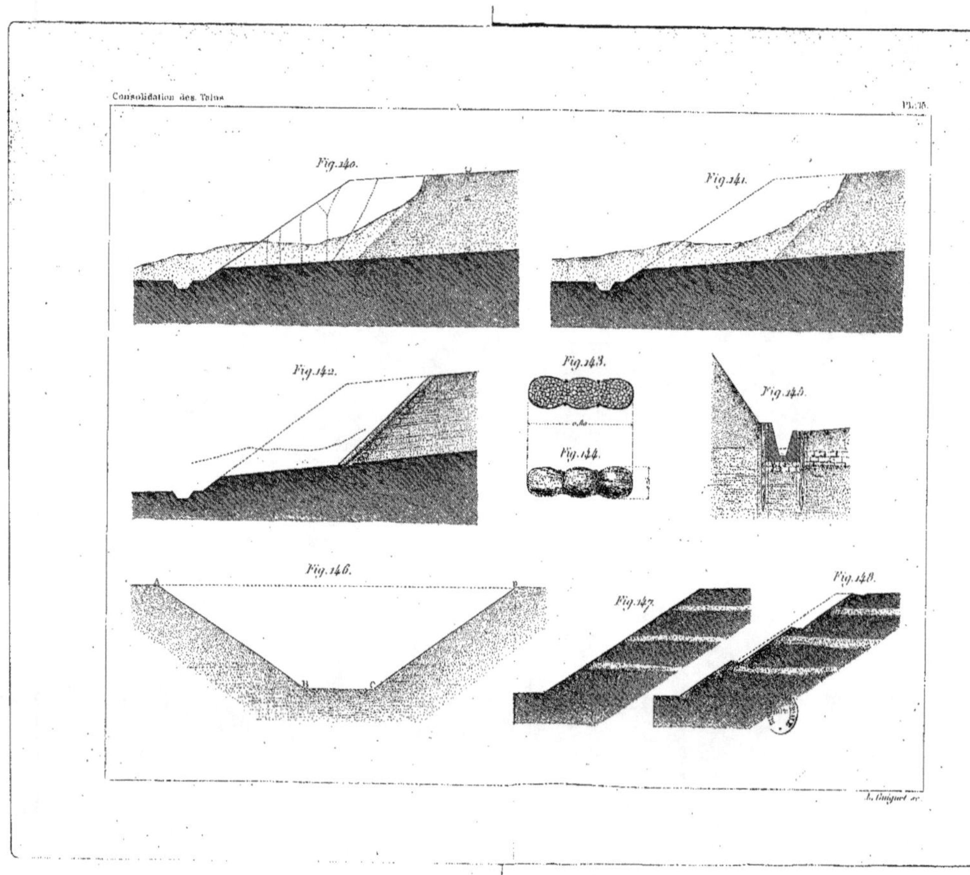

Fig. 140.
Fig. 141.
Fig. 142.
Fig. 143.
Fig. 144.
Fig. 145.
Fig. 146.
Fig. 147.
Fig. 148.

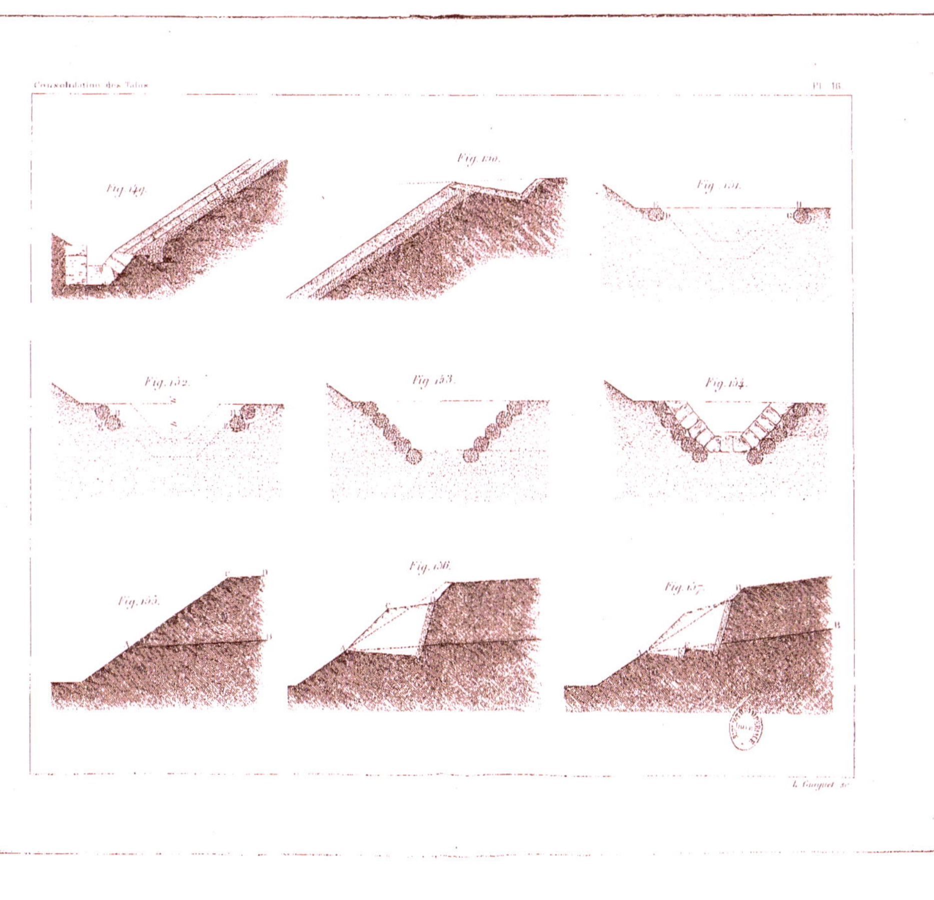

Fig. 149.
Fig. 150.
Fig. 151.
Fig. 152.
Fig. 153.
Fig. 154.
Fig. 155.
Fig. 156.
Fig. 157.

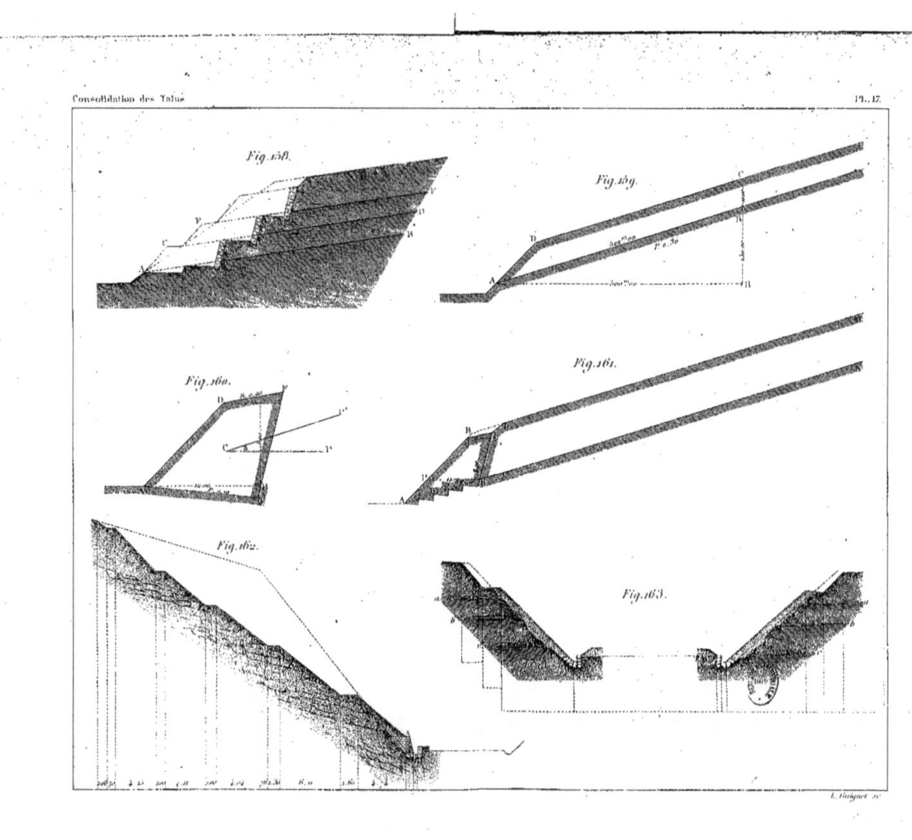

Fig. 158.
Fig. 159.
Fig. 160.
Fig. 161.
Fig. 162.
Fig. 163.

Fig. 164.
Fig. 165.
Fig. 167.
Fig. 168.
Fig. 169.
Fig. 170.
Fig. 172.

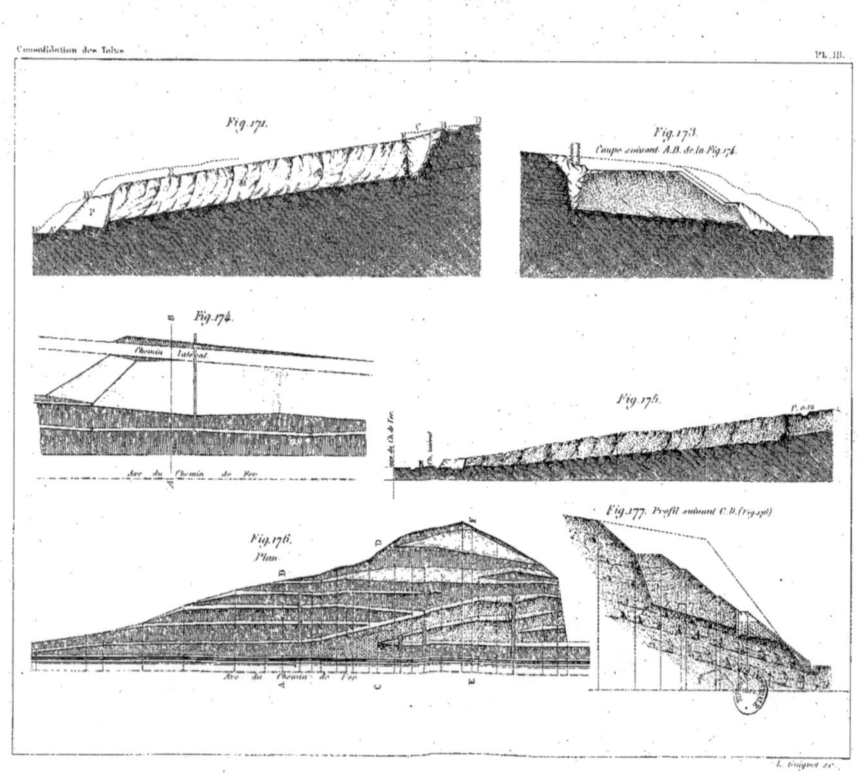
Fig. 171.
Fig. 173.
Coupe suivant A.B. de la Fig. 174.
Fig. 174.
Chemin latéral.
Axe du Chemin de Fer.
Fig. 175.
Fig. 176.
Plan.
Axe du Chemin de Fer.
Fig. 177. Profil suivant C.D. (Fig. 176.)

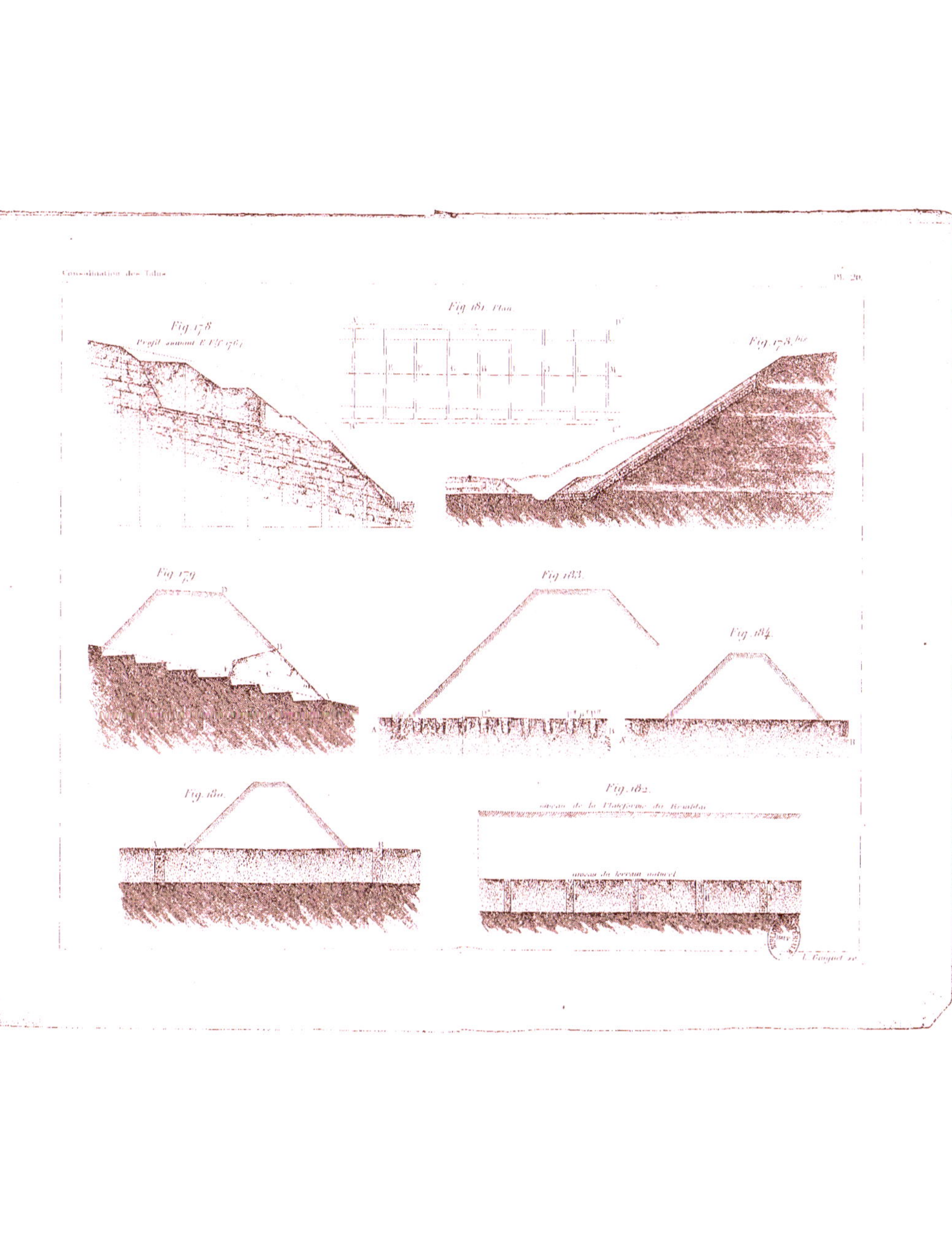
Fig. 178.
Profil suivant E F G 176.
Fig. 181. Plan.
Fig. 178 bis.
Fig. 179.
Fig. 183.
Fig. 184.
Fig. 180.
Fig. 182.
niveau de la Plateforme du Remblai.
niveau du terrain naturel.

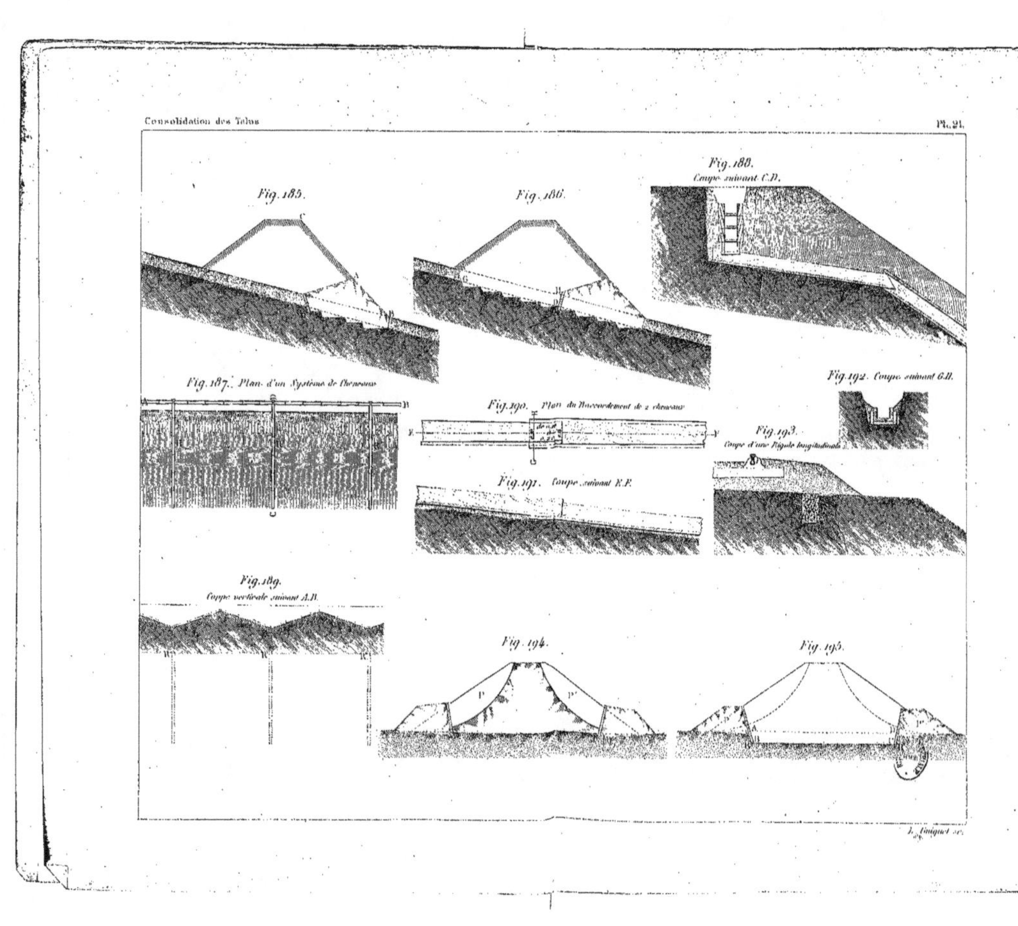
Fig. 185.
Fig. 186.
Fig. 188.
Coupe suivant C.D.
Fig. 187. Plan d'un Système de Cheneaux
Fig. 190. Plan du Raccordement de 2 cheneaux
Fig. 192. Coupe suivant G.H.
Fig. 193.
Coupe d'une Rigole longitudinale.
Fig. 191. Coupe suivant E.F.
Fig. 189.
Coupe verticale suivant A.B.
Fig. 194.
Fig. 195.

Fig.196.
Fig.197.
Fig.198.
Fig.199.
Fig.200.
Fig.201.
Fig.202.

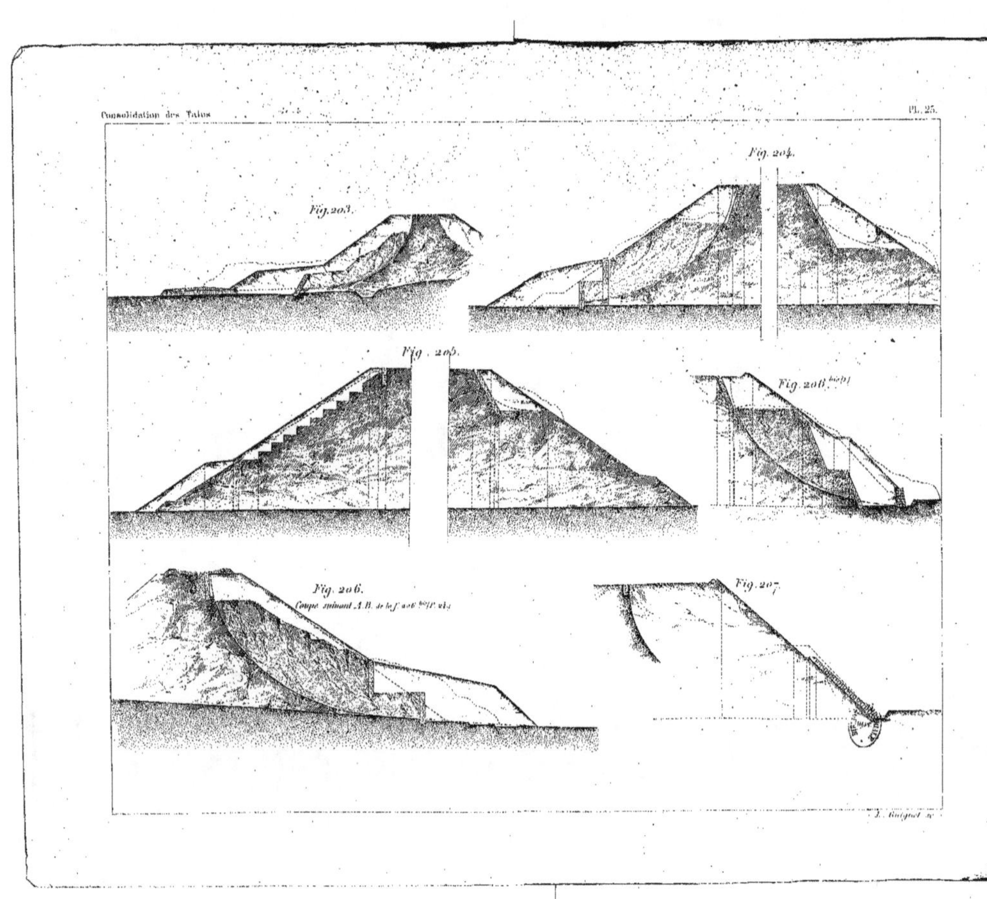
Fig. 203.
Fig. 204.
Fig. 205.
Fig. 205.bis
Fig. 206.
Coupe suivant A.B. de la f.e du 6.me P. n.4
Fig. 207.

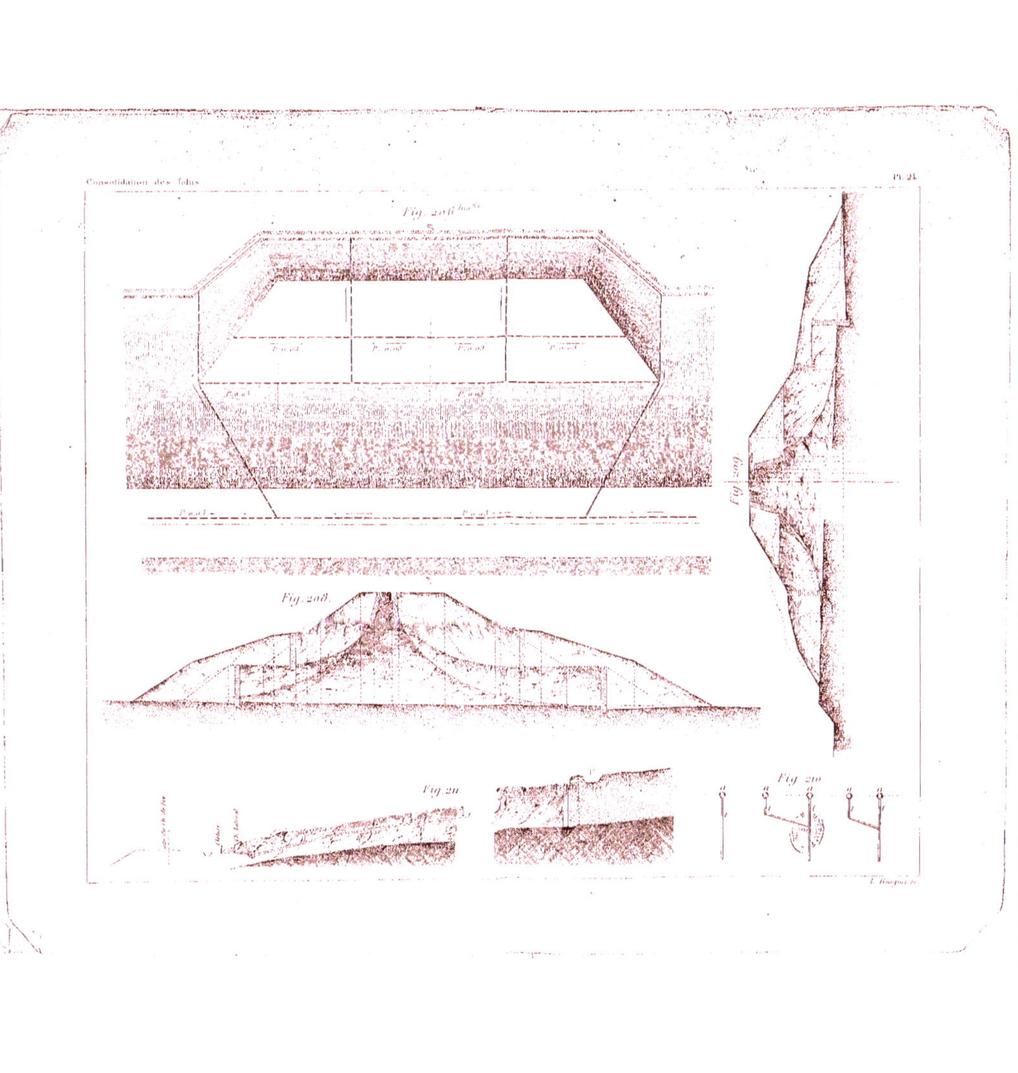
Consolidation des Talus
Pl. 24
Fig. 206 bis.
Fig. 208.
Fig. 211.
Fig. 210.

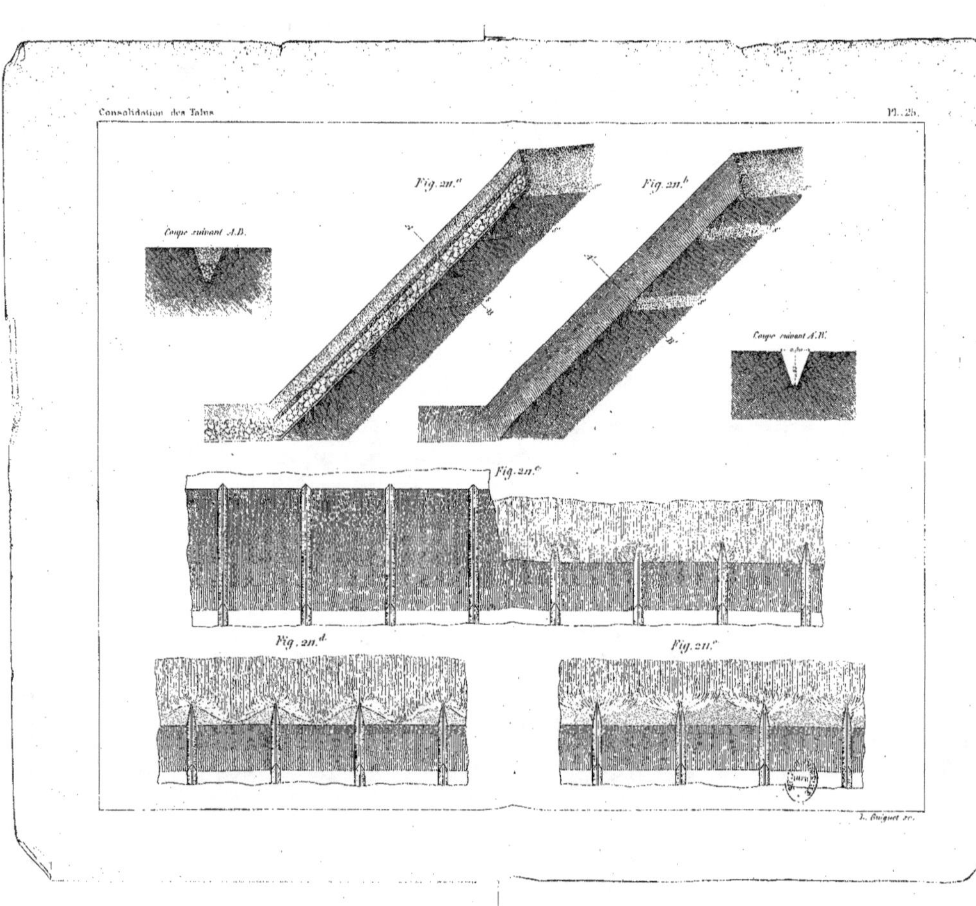
Coupe suivant A.B.
Fig. 211.ᵃ
Fig. 211.ᵇ
Coupe suivant A.B.
Fig. 211.ᶜ
Fig. 211.ᵈ
Fig. 211.ᵉ
L. Buquet sc.

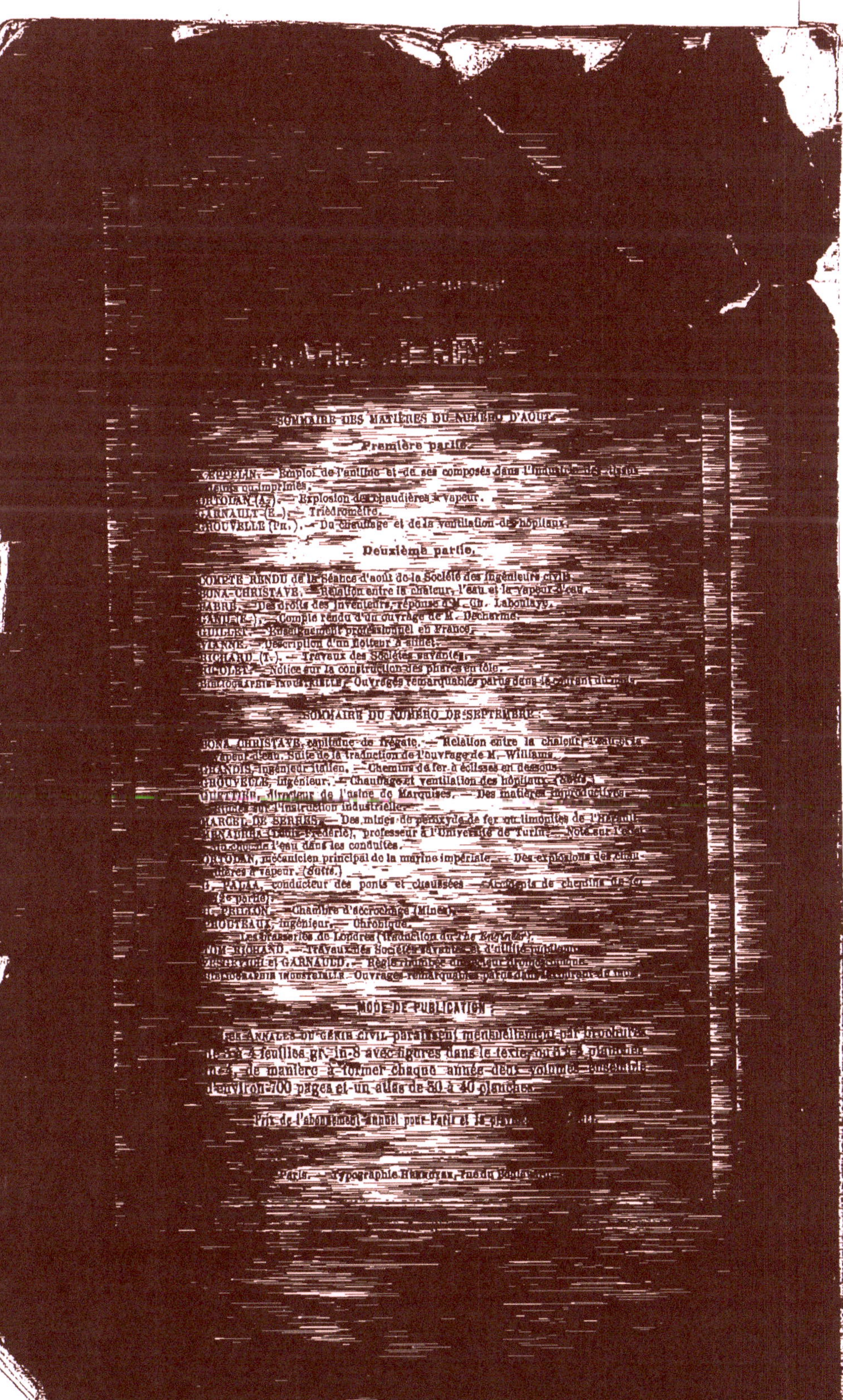

ANNALES DU GÉNIE CIVIL

MODE DE PUBLICATION

Les ANNALES DU GÉNIE CIVIL paraissent mensuellement par brochures de 3 à 4 feuilles gr. in-8 avec figures dans le texte, ou 3 à 4 planches n° 4, de manière à former chaque année deux volumes ensemble d'environ 700 pages et un atlas de 30 à 40 planches.

Prix de l'abonnement annuel pour Paris et les départements...

Paris. — Typographie Hennuyer, rue du Boulevard...